Libro "Viaje sin retorno"

VIAJE SIN RETORNO

Vida y Experiencias de un Médico Pediatra

Con todo mi CARIÑO para una de las NIÑAS de mis ojos. Logra todas tus metas martín

DR. WILBERT J. PALMA ENCALADA

©Copyright by Wilbert Jesús Palma Encalada

ISBN 9798339121626

Tapachula ,Chiapas ,Mexico 2024.

BIOGRAFIA

El Dr, Wilbert Jesús Palma Encalada. Nació en Mérida Yucatán México. El 26 de julio de 1964. Fue el primero de seis hermanos, realizó estudios básicos de primaria en Escuela "Morelos", secundaria en Secundaria Federal no.3, bachillerato y carrera de Medicina en la Universidad Autónoma de Yucatán . Posgrado de Pediatría en Yucatán. Trabajó 30 años en la Secretaría de Salud en Chiapas. Ha sido profesor de Pediatría , Secretario de Colegio de Pediatría en Chiapas y actualmente dedicado a atención de pacientes de bajos recursos lo cual compagina con el arte plástico , escritura y amor por la vida.

AGRADECIMIENTOS Y DEDICATORIA

Por sobre todas las cosas estoy agradecido con Dios. Él me ha obsequiado una vida emocionante y llena de satisfacciones.

A mi Madre Elvira, mis hermanos Elia, Magaly, Nora, Miguel y Enmanuel compañeros de toda mi vida. A mi Padre Virgilio (d.e.p.) que no pudo ver los frutos de su esfuerzo y trabajo diario.

Dedico este libro a mi esposa Fulvia y a mis tres hijos Daniel, Lupita y Anabel. Motores de mi existencia.

ÍNDICE

CAPÍTULO 1. INTRODUCCIÓN.
Breve biografía y contexto de vida. .... pag. 11

CAPÍTULO 2. EL MITO DEL ÉXITO
Como la percepción del éxito evoluciona con el tiempo...pag. 19

CAPÍTULO 3. EL EQUILIBRIO ES LA CLAVE
Cómo encontré equilibrio entre conocimientos, valores y pasión por la vida. ....pag. 25

CAPÍTULO 4. EL PODER DEL AMOR Y RESPETO
Aprendiendo a tener amor por tu mundo .... pag. 47

CAPÍTULO 5. HISTORIAS DE ÉXITO Y FRACASO
Aprendiendo de los errores ....pag. 67

CAPÍTULO 6. SUGERENCIAS PRÁCTICAS PARA LAS FUTURAS GENERACIONES ....pag. 84

Capítulo 1 INTRODUCCIÓN

EL INICIO DEL VIAJE.....

Me gusta la comparación de la vida con un viaje. individual, único, sin retorno, gratuito y donde cada uno tendrá experiencias y consecuencias de sus actos.

Nací y crecí en cuna humilde, pero en una de las más cálidas y bellas ciudades de la provincia de México, La ciudad de Mérida Yucatán. Ciudad que los yucatecos amamos con vehemencia al tiempo que nos enorgullecemos de su historia.

Era un tiempo de transición entre la vida campirana y la vida moderna de las ciudades. Fue un siglo de auge en inventos y artefactos de comunicación, y también la era de la mejor música para el mundo, con grupos musicales emblemáticos que marcaron la historia.

Mi ciudad natal es Mérida, la cual es conocida como "La tierra del faisán y el venado" debido a la presencia de estas especies en la región y que son parte de la gastronomía que la ha hecho muy famosa. También es conocida por el nombre de "La ciudad blanca", debido al color que usan para pintar sus fachadas en la ciudad y poblaciones aledañas y también por la limpieza de sus calles. Tierra de compositores, músicos de trova como Guty Cardenas y Ricardo Palmerin que brillaron en la década de los años 30s, Sergio Esquivel o Alex Syntek en los años 80 entre muchos. Mérida es además famosa por su cocina tradicional. Entre la que destacan para el mundo "La cochinita pibil","El relleno negro", "La sopa de lima", "El queso relleno" entre muchos platillos más. Ciudad Colonial con ese calor de provincia y esa calma que se respira en el ambiente. Preferida del turismo nacional e internacional.

Nací en los años 60s del siglo XX, más exacto en el año 1964. Época en la que lo frecuente y sano era un nacimiento vía parto. Lo comento porque en el mundo actual esto ha cambiado.

Fui el primogénito de una familia de 6 hermanos, mi padre de origen humilde se llamaba Virgilio (como el personaje de "la divina comedia"), tenía el oficio de Voceador (el que vocea, reparte periódico y vende revistas),hombre bajito de cabello ensortijado pero con una nobleza que llegaba al cielo. Mi madre también primogénita dentro de sus hermanos se llama Elvira. (Como la actriz y cantante española de los años 60s), hermosa , de tez morena de ojos negros, mujer de carácter fuerte y enérgico, inteligente y honesta . Los dos a pesar de no concluir estudios básicos lograron unir con amor una familia excepcional. Ciertamente no gozamos de lujos, pero en la mesa jamás faltó el pan. Compartí este inicio del viaje con 5 hermanos: Elia, Magaly, Nora, Miguel y Manolo. Todos concluimos estudios en escuelas públicas y nos graduamos en la Universidad Autónoma de Yucatán. Elia concluyó enfermería y varias especialidades dentro de su área, Magaly se graduó de Licenciada en Derecho, Nora Licenciada en Educación , Miguel licenciatura en Administración, y Manolo se graduó en Arquitectura. Nuestro padre nos enseñó a mantener el máximo respeto entre hermanos y que cada uno apoye a los demás lo cual nos permitió concluir nuestros estudios . En la mesa en ausencia de papá me otorgaron su lugar.

Mis estudios básicos de primaria, secundaria y bachillerato fueron en escuelas públicas, ahí en esas escuelas se establecía competencia entre cientos de estudiantes de pocos recursos. Era verdaderamente una selección natural, los mejores podían continuar sus estudios avanzando de grado y continuar su educación. En México las escuelas públicas cobran cuotas simbólicas de admisión una vez al año.

Durante mi etapa estudiantil también practiqué deportes diversos: fútbol soccer, básquetbol, voleibol, y con algunos compañeros damas inglesas, damas chinas, ajedrez e incluso juegos de mesa y billar. Quería experimentar todas las emociones que dan los deportes y juego sin caer en la trampa de la adicción. La frase "El pobre vivirá del cuerpo y el rico de la mente" resonaba en mi mente.

Mis estudios profesionales los realicé en la facultad de Medicina de la Universidad de Yucatán, me gradué de Médico general en 1989 y realice posgrado en Pediatría en el Instituto Mexicano del Seguro Social. Al término de mis estudios inicié mi actividad profesional y me trasladé a otra bella ciudad de la provincia. Tapachula Chiapas, en la frontera sur de México, colindando con el país de Guatemala. Esta bella ciudad tiene cercanía con las montañas y volcanes destacando el volcán "Tacaná", asimismo rodeada de ríos , fauna y flora autóctona, este rincón de México me cobijó y me dio la oportunidad de trabajar en varias instituciones (IMSS. SSA, Pemex.) y después de tres décadas me permitió la dicha de jubilarme en el Instituto de Salud de Chiapas. Actualmente me dedico a atender pacientes de pediatría en consultorio y trabajo en un hospital para pacientes de pocos recursos. Doy clases, practico pintura y soy apasionado de todas las formas de arte clásico. A lo largo de mi vida, he aprendido que esta no solo es un viaje sin retorno, sino una oportunidad única de crecer, aprender y compartir.

 Es por eso que deseo transmitir un poco de lo aprendido y enfocarlo a las futuras generaciones para que no sean de cristal jamás, sino de titanio, fuertes y resistentes ante los desafíos de la vida.

 Definitivamente sin ser millonario me considero un hombre exitoso, y trataré que este libro sea una reflexión honesta sobre mis experiencias y aprendizaje a lo largo de mi viaje.

 Como creyente en un Dios , considero que todo lo obtenido a lo largo de la existencia (aunque otros lo califiquen como casualidad o destino), es dirigido por mano divina y en muchas ocasiones a petición de nosotros. Ya que como está escrito..Dios nos hizo a su imagen y semejanza y nos otorgó también el Don de crear. Claro que muchas personas crean en negativo y por eso hacen de su vida una ruina.

La semblanza de mi vida, refleja lo complicado, bello, interesante, emocionante, educativo, inspirador y satisfactorio que puede ser el paso por la vida misma.

SOBRE LOS COMPAÑEROS DE VIAJE

Hacer amigos durante tu viaje es un arte que podemos desarrollar siendo humildes, empáticos y respetuosos con todos.

 Evita a las personas agresivas y ruidosas como compañeros permanentes . Es inevitable encontrarlas, pero trata de no someterte a su voluntad. Los burlones, los viciosos, los perezosos, los abusivos son otro tipo de acompañante que podemos tener. La tolerancia es importante.

Es conocido el relato sobre los amigos que te acompañarán en algunas estaciones , donde se bajarán y subirán otros. En alguna conocerás el amor de tu vida y es posible que te acompañe hasta el final del camino. Sin embargo, el mejor compañero (a) siempre serás tú mismo. Y debes mantener contigo una alta autoestima y pláticas frecuentes de motivación, reflexión y corrección para poder evitar o soportar los tropiezos del camino.

 La verdadera amistad es un sentimiento tan puro y fuerte cuando se tiene, que a diferencia del amor , no le interesa mucho tus antecedentes, tus errores, y siempre estará ahí aunque dejes de ver al amigo, días, meses o años. Hay amigos de solo una ocasión en la vida y otros que se suben y bajan en muchas estaciones. ¡Hay amigos que se bajarán para siempre en la estación eterna, dejando impregnado de su esencia tu alma!

En cuanto al amor de mi vida. ¡Lo encontré en un hospital!. iniciaba mis estudios de especialidad en Pediatría cuando me la presentaron. De nombre Fulvia, de profesión Enfermera, guapa de tez blanca, atlética, de ojos grandes. Al conocerla no le tomé la debida atención, hasta que fui a un juego de fútbol femenil y me percaté que era la centro delantera del equipo . Nuestro noviazgo duró apenas 6 meses y nos unimos en matrimonio civil, posteriormente lo confirmamos a través de nuestra religión católica. De esta unión hemos engendrado 3 hijos (Daniel, Lupita y Anabel)y todos juntos hemos sido un gran equipo , motivándonos a realizar todas las empresas y logros , permitiendo el crecimiento personal de cada uno.¡ Sin duda me han tocado fantásticos compañeros de viaje!

Capítulo 2.

EL MITO DEL ÉXITO

Cuando somos niños nuestro universo es pequeño y se limita a nuestra familia, pero a medida que crecemos nuestro horizonte se amplía y nuestras necesidades y deseos comienzan a surgir. Al principio solemos imitar lo que vemos a nuestro alrededor, pero tarde o temprano nos daremos cuenta que el éxito no es un destino final, sino un viaje diario. El éxito es tener nuestras necesidades básicas cubiertas , recibir amor y conexión con los demás.

No existe una definición universal de lo que significa el éxito, ya que cada persona tiene su propio propósito de vida. La Real Academia de la Lengua Española lo define como un resultado feliz de un negocio o actuación. Siendo sus sinónimos fortuna, fama, gloria, notoriedad o celebridad.

Ser estudioso y aplicado en la escuela es sin duda un buen comienzo para cualquiera con miras a tener una vida llena de satisfacciones.

Sin embargo, el éxito es un concepto abstracto e individual, y varía de persona a persona. Somos el resultado de múltiples influencias, desde nuestra concepción hasta nuestra educación, y es importante reconocer por lo tanto que no hay una fórmula única para el éxito. Pensar que solo esforzarnos y sacar buenas calificaciones en el colegio asegurará el éxito , también es un mito. Pero a la vez debemos reconocer que el éxito personal se basa en un equilibrio de conocimientos, valores, pasión, respeto y amor. E influye muchísimo los valores que la familia enseñe y haga crecer en el niño. Y por supuesto el amor a todos los seres vivos que te rodean.

LAS ETIQUETAS DE LA VIDA

Tristemente estamos sujetos a opiniones desde que nacemos. Ante nuestra cuna, nuestros familiares opinarán si somos "bonitos o feos" ,si nos parecemos a nuestro papá o a nuestra mamá. En el colegio al igual que una competencia en equipo, nos clasificarán como: El estudioso, el flojo, el bromista, el golpeador, el grandote, el pequeño, el callado, el deportista, la bella del salón, etc. Y esta tendencia a calificarnos continuará durante la mayor parte de nuestra vida.

Lo grave de esta tendencia es creer y tomar como realidad o destino esta etiqueta que nos colocaron. Sobre todo si no es algo muy positivo. Creer que solo somos chistosos, o solo buenos deportistas nos puede limitar el crecimiento en otras áreas de nuestra personalidad.

Incluso los profesores tienden a etiquetar a sus alumnos y esto provoca un sesgo que impide que un alumno catalogado como bromista pueda ocupar mejores calificaciones. Como sucede en un equipo de fútbol, si mencionaste que te gusta ser el portero, otro el delantero y otro el defensa, difícilmente podrán posteriormente cambiarse de lugar.

Mi madre al notar mi mediocridad en el aprendizaje, optó por cambiarme de colegio durante la etapa de primaria, lo cual causó un cambio en mi visión y personalidad, me catalogaron como un alumno sobresaliente y esta motivación fue el despegue a un mundo de satisfacciones. Un alumno que destaca en los primeros años de escuela es más probable mantenga esta tendencia en las siguientes etapas de su preparación.

Lo primero que necesitamos para generar un cambio positivo en nuestra vida es creer que lo podemos hacer. Repetir a un niño que es tonto o flojo definitivamente puede marcar el resto de su existencia. Estimular con adjetivos positivos elevará su auto percepción y probablemente generará su crecimiento personal, estimulará centros nerviosos en diferentes partes de su cerebro y liberación de neurotransmisores como la dopamina o la serotonina que generan respuestas de satisfacción o la oxitocina que genera sensación de apego, tranquilidad y bienestar.

LA VIDA NO ES JUSTA.

Es triste realidad, si nos mantenemos quietos y sin preparación alguna, quedaremos dentro del grupo de estadística mundial en relación a la pobreza. Según el baremo de las Naciones Unidas (2021) uno de cada diez personas vive sumido en la pobreza extrema y subsiste con menos de dos dólares al día.(conozco familias que lo hacen). Por otra parte un 10 por ciento de la población mundial tiene acumulado el 76% de toda la riqueza, un 40 por ciento clasificada clase media tiene el 22% y el 50 por ciento restante de la población (los más pobres) tan solo el 2% de la riqueza.

Pero la pobreza más inquietante es la ausencia de sentido para vivir (pobreza en la mente) , derivado del analfabetismo o poca preparación académica, por crecer en el seno de una familia disfuncional o sufrir traumas infantiles o vivir en países donde la represión al pueblo es intensa. Somos muy afortunados los que vivimos en países donde la educación es pública, de haber tenido padres de ambos sexos, de poder expresar nuestra opinión y pensamiento libremente y de tener un alimento en la mesa todos los días.

Una amiga que trabajó desde su infancia debido a la muerte de sus padres y debía cuidar y alimentar a sus hermanos. logró aprender a leer a los 60 años y me participó de su inmensa alegría de viajar, de conocer, de aprender, (aunque solo lo hacía a través de la lectura). La lectura le abrió el universo de conocimientos ,riqueza y experiencias que ella siempre deseó

Sin duda, los países más pobres son los que más analfabetos tienen, los que manejan dogmas con que los que controlan al pueblo o Los que mantienen una población sin cultura. Definitivamente el conocimiento es riqueza y libertad. Y nos puede conducir a una vida más justa¡

Capítulo 3

EL EQUILIBRIO ES LA CLAVE

TENER LA NOCIÓN DEL BIEN Y EL MAL

La definición del bien o mal es un concepto abstracto que debemos abordar y tocar a lo largo de toda nuestra vida. Saber que en nuestro interior hay esta eterna lucha y que debemos y podemos controlar el resultado es crucial para lograr objetivos. Grandes filósofos y pensadores han abordado el tema y dado sus definiciones

 Desde el punto de vista bíblico el bien supremo no se mide en función de un bien abstracto, sino en relación con el Creador, "Dios lo ha hecho todo y todo es bueno."

Me quedo con conceptos sencillos porque lo bueno o lo malo visto desde la perspectiva de un niño necesita entenderse con ejemplos simples. Mi madre decía sobre el bien; "Trata a los demás como deseas te traten". Mi padre: "Si llega a tu puerta un mendigo dale de comer y si puedes dale que vestir y harás el bien". Mis profesores decían, "todo lo que dañe al cuerpo y la mente es malo, todo lo que lo cure es bueno". Como estudiante de

Medicina una de la prioridades era "ser buen hombre, porque un mal hombre siempre será un mal médico "

En el mundo actual donde las religiones han sido insultadas, calumniadas, y objetos de burla. Surge la duda ¿que nos espera a la humanidad en ausencia de ellas?, Sin freno que detenga la maldad y a la conducta destructiva que es muy inherente a la especie humana.

Por otra parte, la tendencia en el siglo actual es contener la explosión demográfica y un objetivo es evitar la formación de familias. Sin religión y sin familia el futuro próximo es muy incierto. Es en el seno de la familia donde se inculcan los valores más grandes e importantes.

Cultivar valores durante la vida, y ejercitarlos en forma frecuente te acerca al bien y por supuesto te aleja del mal. En el seno de las familias se gesta y moldea a los héroes y villanos del mañana.

EL PODER DE LA RADIO

¿Cómo es que encontré un sentido y un camino en la vida que me permitió crecer intelectualmente y con metas posibles?

Corría el año 1974, cursaba el 4º grado en escuela primaria pública (Se llama Escuela primaria Morelos) en Mérida Yucatán. Durante los periodos vacacionales entre cada grado la principal diversión era ir al parque de la colonia y jugar, correr, hacer deporte, y si me encontraba en casa, oír la radio. Pocas familias tenían aparato de Televisión, y casi todas gozaban de oír noticias por la radio. Mi padre me encontró ocupación de ayudante en la carnicería del abuelo, ahí aprendí a afilar cuchillos, cargar piezas y cortar carne en rebanadas, secar piel de cerdo para hacer chicharrones. Mi salario era un kilogramo de carne con la cual comíamos en casa. El resto del tiempo libre ver un poco de televisión en color blanco y negro (difícilmente en la colonia alguien tenia televisión a colores). Pero a afortunadamente había señal de radio prácticamente todo el día. Había programas de entretenimiento con cómicos que decían diálogos con frases típicas de Yucatán e intercaladas con el idioma maya. Había también programas de noticias y aportaciones de periodistas importantes que hablaban en cadena nacional. Me agradaba sentarme y escuchar en mi tiempo libre programas de radio diversos.

Hubo un programa de noticias por radio que marcó mi camino. El programa informaba sobre noticias nacionales y uno de los comentaristas era un periodista de nombre Agustín Barrios Gomez, quien además fungía como embajador de México ante la ONU. El locutor tenía una voz nasal un tanto aguda, e inició dirigiéndose a todo público. "Usted que vive en México, conoce el estado actual de la educación? Conoce la estadística nacional (era el año 1974).

- De cada 10 niños que inician educación primaria, uno finaliza.
- De cada 10 adolescentes que inician educación secundaria, uno finaliza.
- De cada 10 estudiantes que inician bachillerato, uno finaliza.
- De cada 10 estudiantes que ingresan a carrera profesional, uno finaliza.
- Finalmente uno de cada 10 que hace posgrado finaliza.

Haga un análisis y ubíquese en la tabla, donde se encuentra actualmente?"

Esta noticia primero me entristeció, pero me motivó a seguir estudiando y terminar mi educación primaria, sencillamente porque sería un Mexicano de cada 10, y si completaba educación secundaria, uno de 100, y así la secuencia. Al terminar mi posgrado en medicina recordé triunfante "soy un Mexicano de cada 100 mil"

A lo largo del tiempo nos acompaña la incertidumbre sobre nuestras metas, deseamos muchas cosas materiales en el camino, y nos comparamos con otras personas que tienen nivel socio-económico o intelectual más alto. Yo considero mirar para ambos lados. Siempre hay seres con menos posibilidades, sueños fallidos y un futuro menos promisorio, y otros más exitosos económicamente. El secreto es mirar y apuntar hacia nuestros objetivos, enriquecer nuestro conocimiento y capacidades, crear resiliencia y entender que, aunque la suerte existe, no beneficia a todos. El esfuerzo y la preparación constante son excelentes instrumentos para llegar al Exito.

SOMOS LO QUE LEEMOS

Siendo hijo de un vendedor de periódicos y revistas no es raro que leyera muchas cosas diferentes. Mi madre desde etapas tempranas de la infancia gustaba de contarme historias y cuentos que aceleraban mi imaginación, mi abuelo materno "Don Carlos", hombre de tez morena con frente amplia, alto, delgado, platicador, de oficio pintor y rotulista, me hacía leerle el periódico y notar cuáles eran noticias importantes para el mundo, fue un hombre muy diestro para pintar letreros ya que dominaba ambos perfiles. Gustaba de leer diariamente su periódico y revistas donde se enteraba de los cambios en el gobierno, los avances en tecnología, o desastres en el mundo.

Mi abuela materna "Doña Lola" era el complemento perfecto para cualquier hombre de la época. De tez blanca, fuerte, segura, enérgica, dulce y excelente en la cocina. (Cómo olvidarla si fui el nieto consentido). Todos ellos en conjunto estimularon en mí el amor por los libros y la lectura, así como la pintura y el arte.

En mi país México se ofrece hasta el momento actual a los alumnos de escuelas primarias durante los 6 años que dura, libros de texto gratuitos, estos abordan materias importantes como literatura, matemáticas, historia de la naturaleza (biología), Civismo, ortografía por mencionar algunos. El mundo actual lleno de tecnología y dispositivos con pantalla establece una lucha silenciosa contra los libros impresos.

La entrega de libros de texto era un momento mágico. De inmediato abría los libros cuál regalo, apreciaba las imágenes, los colores, los capítulos y el olor a papel nuevo. Leía al azar los capítulos. Todos estos estímulos lograron en mí un fuerte agrado por la lectura.

Hubo un momento importante en mi época de estudiante de primaria que marcó mi futuro..Por casualidad encontré un libro sobre profecías. El título "Las Profecías de Nostradamus" era el año 1976 y tenía la edad de 12 años. Leerlo aceleró mi corazón. A lo largo del tiempo este personaje describió una serie de hechos que se han vuelto realidad y marcado la historia. Según una de las profecías, hacia el final del siglo XX, habría una guerra que acabaría con dos terceras partes de la humanidad. De inmediato calculé qué edad tendría y me sentí desilusionado porque estaría en una edad adulta joven y probablemente ya habría terminado mis estudios.

Consideré estudiar alguna profesión que me evitara tener que luchar y asesinar personas. Nació entonces la idea e ilusión de ser Médico...observe en los programas de entretenimiento relacionados con la guerra en televisión, que el médico aún dentro de un conflicto armado, es respetado y se considera casi neutral. Enfoqué mi aprendizaje hacia la biología y estudio de la naturaleza. Pues por ese camino lograría llegar al objetivo de estudiar Medicina.

Hemos llegado ya al siglo XXI.se ha cubierto el 90% de lo planeado, terminar estudios básicos, secundaria, bachillerato, Medicina general, Especialidad. Aún recuerdo cada etapa y las transiciones, con muchos tropiezos, tristezas, pero más alegrías y buenos momentos.

Estimular el amor a la lectura es abrir una puerta a un mundo mágico y lleno de conocimientos. Ciertamente tenemos responsabilidad como padres de vigilar el tipo de lectura que consumen nuestros hijos. Pero la satisfacción y conocimiento que se adquiere con la lectura forjará un futuro promisorio a nuestra niñez.

HACER PLANES ES IMPORTANTE

No importa si no lo logras rápidamente, tardas mucho o te sientes agotado y confundido. Haz planes de vida cada día. Esto es disciplina que te hará ser fuerte anímicamente y mentalmente. También cuando enfoques adecuadamente tu camino te llevará al éxito que deseas.

La rutina diaria desde la infancia escolar: levantarse con tiempo para desayunar, ir al colegio, regresar sin demora, hacer tareas o estudiar. Ayudar en casa en lo que se pueda. Jugar un tiempo definido. Asearse y dormir mínimo 8 hrs. Cumplir esta rutina es cada vez más difícil para el mundo actual.

Las distracciones con los dispositivos electrónicos actuales sumergen a la juventud en un mundo de experiencias placenteras y algunas peligrosas. Los mensajes que circulan son principalmente ilusiones y exhortan a un comportamiento no de libertad sino de libertinaje y desorientan al joven creando falsas pautas de comportamiento, contra las cuales los padres seguimos siendo directamente responsables de lo que surja.

¡Haz planes posibles y realizables en corto, mediano y largo plazo! Yo me propuse escribir y transmitir mis experiencias y este es mi primer paso.

GENERACIÓN DE CRISTAL. MÉDICOS DE CRISTAL.

Por todas partes escucho y leo cambios en el comportamiento actual de los jóvenes. ¡Y pienso que definitivamente, no todo el que desee estudiar Medicina tiene el carácter y disciplina para ser Médico !

Hace 50 años cuando estudiaba mi educación primaria surgió el deseo de ser Médico. Veía programas de guerra en TV donde al único que respetaban era al Médico. Ignoraba todo lo que sucedería en el camino. En esa época uno de cada 10 niños terminaba la primaria, la secundaria y la preparatoria en escuelas públicas- Enfoqué todos mis esfuerzos para terminar mi educación básica y poder presentar examen en la Facultad de Medicina de la Universidad de Yucatán. El examen de admisión fue para 500 aspirantes, y solo aceptaron a 200 alumnos.(Gracias a Dios quedé entre los elegidos).

Mis clases iniciaron a las 6 de la mañana. Era la clase de anatomía. El Profesor Dr. Eustaquio V. Iniciaba su clase puntualmente. Yo estaba acostumbrado a estudiar un promedio de 12 horas diariamente y quedé sorprendido de reprobar el primer examen. Consternado le pregunté a mis compañeros cuántas horas estudiaban ellos al día, me contestaron 20 horas promedio. El profesor nos comentó que deberían ser 25 horas diariamente si aspiramos a pasar su materia.

Después de clase visitaba el hospital "Agustín O'horan" y me quedaba en la biblioteca prácticamente todo el día hasta las 8 de la noche cuando cerraba.

Comencé a realizar guardias nocturnas en los hospitales cuando cursaba tercer grado de Medicina y continúe realizándolas hasta terminar la carrera como Médico general. (En mi tierra Yucatán la carrera de Medicina son 7 años). Posteriormente aprobé y realicé la especialidad en Pediatría que duró 3 años más , con las consabidas guardias nocturnas cada 3er. día

Una vez terminada la especialidad en Pediatría, inicie trabajando en un Hospital de la Secretaría de Salud en Chiapas, donde me jubilé después de 30 años, y trabajando en un turno nocturno. Aun trabajo hasta el día de hoy 7 días de la semana.

Trabaje contratado para empresas de seguros, Bancos, Cruz Roja Mexicana, Instituto Mexicano del Seguro Social, Petróleos Mexicanos y di clases en escuelas privadas . ¡Efectivamente, esta disciplina se parece a la de un soldado!. ¿ Pero acaso las próximas guerras no serán biológicas?

Hoy me entristece que los nuevos estudiantes en el mundo actual se quejan de todo lo relacionado con esfuerzo y disciplina. El mundo ha simplificado la vida de todos, especialmente de los estudiantes. Todo el conocimiento está en un equipo en la mano del mundo entero. Pero este equipo lo usan principalmente para la diversión y no aprovechan todos sus beneficios.

Los nuevos jóvenes no desean ser reprendidos, y menos castigados. La verdad es que no es igual fallar al reparar un equipo de metal o plástico, que fallar al curar a un ser humano. ¡Por supuesto que no generalizo! Pero los cimientos son débiles. Desde la educación primaria es prohibido reprobar a un alumno, bajo la pena de ser perseguido el profesor y acusado de abuso, maltrato etc.

Esto mismo sucede en las facultades de Medicina y otras áreas de la salud. Al final de su preparación los nuevos Profesionistas desean encontrar un trabajo en forma pronta y bien remunerado económicamente. Y considero que es justo para todos los que terminan una carrera profesional. Pero aquellos que cursaron la carrera de Médico sin adquirir fortaleza psicológica, resiliencia, ética y humanismo no cuentan con las armas necesarias para enfrentar los tiempos venideros y guerras que se avecinan. Me da temor saber que no todos nuestros futuros soldados en la Medicina son fuertes y prestos a la batalla.

Crecí en una generación que ahora se llama "generación X". Y nos enfrentamos a un mundo de transición entre lo clásico y lo moderno. Vivimos el auge de los teléfonos celulares de gran tamaño hasta los dispositivos que caben en la palma de la mano, de las computadoras gigantescas a las portátiles, de los casetes , los CDs, hasta la música descargada por internet. Tuvimos que adaptarnos a cada cambio y avance en la tecnología. Entramos al mundo de lo desechable y ahora a la conducta ambientalista en un mundo caótico , en el que la ciencia es relegada por la política. Y seguimos de pie....

¡Dios guíe y bendiga a las próximas generaciones en el mundo actual !

FACULTAD DE MEDICINA. (LECCIONES DE VIDA NO BULLYNG)

Recuerdo con nostalgia el inicio de mi carrera en la facultad de medicina en la Universidad Autónoma de Yucatán (UADY) . Fue sin duda un cambio de paradigma en cuanto a lo que estaba acostumbrado a tener como estudiante. Deje de pasar tiempo con mi familia nuclear a tener una familia de 199 compañeros. Desayunamos , comimos y cenamos en la escuela. Sus grandes aulas, de techos altos y sillas de madera pintadas de color oscuro, sus largos pasillos cuyo silencio se rompía por el sonido de los zapatos estudiantiles y que conducían por un extremo al anfiteatro, y por otro extremo a la biblioteca. En esta área bendita, pasaba largas horas ya que Las clases durante el día no eran continuas, los horarios eran intermitentes durante la mañana, tarde y noche por lo que sólo regresaba a casa para dormir unas pocas horas . Para bañarme y cambiarme de ropa.   Ahí establecí verdadera amistad con un selecto grupo de amigos con los que compartimos la letra inicial del apellido. Paz,

Paredes, Palma, y otros también entrañables como Joaquin y Fredy Alonso con quien intercambiaba los libros para economizar. Aún no se descubría el internet y era lo más avanzado grabar en casete y usar audífonos. Acostumbrarme a estudiar sin dormirme más de 20 hrs al día, repartidas en 2 a 3 tantos fue al inicio muy desgastante. Y aunque la clase de cada materia sólo duraba una hora, hubo profesores que dejaron huella eterna en el grupo de 200 alumnos. Su personalidad se imponía, pero hacían las clases muchas veces tan intensas y personalizadas que ahora se catalogaría como "bullying". Mencionaré algunas frases memorables con profesores que fueron emblema de la Facultad:

-Dr.Eustaquio V. (Anatomía); "Para aprobar mi materia, para llegar a ser Médico deberán estudiar 25 horas al día"

-Dr.Lizardo V. (Endocrinología); a esos que no traen reloj y no pueden tomar signos vitales...les digo "Roben, secuestren o vendan su cuerpo, pero el que mañana no traiga reloj, se irá de mi clase".

"Aplaudan a su compañero, toda mi clase se la pasó diciendo p..s, pero al final dijo algo inteligente y triunfo"

-Dr Eduardo C. (Ginecobstetricia) "buen hombre, buen hombre, fallaste. Será la próxima".

El Dr. Francisco y su hermano gemelo Eduardo L., decanos de la facultad de Medicina durante 50 años a partir de 1951 fueron profesores eméritos y nuestros padrinos de generación 1983-1989.
-Dr. Francisco L.A. (Gastroenterología); "Recuerden que la medicina es un negocio, pero se le tiene que agregar la palabra Ético. Nunca lo olviden".
"El que estudie medicina para ser rico, por favor salgase de mi clase. Se vivirá con dignidad y decoro, y serán ricos en experiencias "

-Dr Eduardo L.A.(Endocrinología); "Tenemos fe en el futuro de la medicina y de los jóvenes idealistas que han mostrado vocación de servicio y serán pronto nuestro relevo. No olviden la consigna de cada uno de superarse así mismos para mejorar al mundo"

-Hubo más profesores con actitud más reservada pero que marcaron la existencia de muchas generaciones. Nuestra generación fué y es hasta el momento una generación de Oro. Egresamos al final 75 médicos del grupo de 200 y el 99% realizamos alguna especialidad dentro de la Medicina. Aún seguimos en contacto y celebramos la vida que nos entregó el creador.

LA DISTRACCIÓN DE LA TECNOLOGÍA: UNA LECCIÓN APRENDIDA.

En el año 2007 tuve la oportunidad de asistir a un evento en la Ciudad de México, donde se presentó un concierto de violín interpretado por el mejor violinista del mundo en ese momento, su nombre es Edvin Morton de nacionalidad húngara. El evento fue organizado por la compañía Nestlé para lanzar al mercado una fórmula láctea.

Se nos informó que tocaría con su violín Stradivarius valorado en 6 millones de dólares. El artista ocupó un estrado en forma de pastel y se colocaron 4 guardaespaldas alrededor.

Inició su concierto con una melodía clásica y todo el público quedó hipnotizado, parecía el cuento del flautista de Hamelin pero utilizando violín.

Lo que más me llamó la atención fue que todos los asistentes sacaron sus teléfonos y cámaras digitales para capturar el momento. Por suerte, no llevaba ningún dispositivo conmigo, y pude acercarme hasta el borde del estrado. Me sentí un "ratoncito", pero pude disfrutar del espectáculo con todos mis sentidos. La música, el ambiente e incluso los olores de la cena fueron una experiencia única.

El violinista se percató de mi presencia y me observó con una sonrisa, descendió del escenario lentamente sin dejar de tocar, se me acercó y colocó el Stradivarius sobre mis hombros. Tocó una melodía tan intensa y enervante que cerré los ojos y me concentré en ese momento fugaz, sentí cada nota musical inundar mi mente y mí corazón . Fue un momento mágico que aún recuerdo con claridad.

La lección que aprendí ese día es que, muchas veces, la tecnología puede distraernos de disfrutar el momento.

Es importante entender que hay experiencias que no necesitan ser capturadas en una fotografía o un video para ser apreciadas y recordadas. Muchas veces lo mejor es disfrutar del momento con todos nuestros sentidos...

LA ZONA DE LA MUERTE: UNA LECCIÓN DE VIDA

El teatro Rufino Tamayo de la Ciudad de México fue el escenario para el lanzamiento de un medicamento por parte del laboratorio Schering Plough. Era el año 2010. Como parte del evento nos ofrecieron una agradable conferencia motivacional. La ponente fue la alpinista Karla Wheelock, primera mujer mexicana en escalar el monte Everest. No era el prototipo habitual de una alpinista, más bien su figura delicada y espigada parecía la de una modelo de revista, su voz clara, aguda y cantarina nos sacó de nuestras distracciones. Su plática nos mantuvo atentos al hablarnos sobre la preparación física y mental que se requiere para escalar los picos más altos del mundo. De esta su experiencia se editó un libro llamado "El tercer polo", mismo que se nos entregó a cada asistente.

La parte más impactante de su plática fue cuando se refirió a la "zona de la muerte" que son los últimos metros previos a la cumbre, donde pueden morir si no logran adaptarse a los cambios en la concentración de oxígeno. Ella logró la proeza y aunque fue acompañada por su esposo, solo ella llegó a la cima, Nos mencionó que de cada 10 matrimonios que intentan llegar a la cumbre, en 7 de ellos fallece uno de los cónyuges . En ese ascenso habían tomado la decisión de que fuera ella la que culmina la proeza y lo logró sin necesidad de oxígeno. Fue emocionante escucharla y saber cómo superó los obstáculos para alcanzar su objetivo. Y como su esposo la animó en todo momento y la satisfacción que lograron como matrimonio y equipo al final.

 Esta plática nos mantuvo muy atentos . Sin embargo al finalizar la misma. Todos los asistentes se sumergieron en pláticas triviales o revisaron llamadas en su teléfono. Me levanté y prácticamente perseguí a la ponente para que plasmara en mi libro su dedicatoria, cuando Karla se detuvo le pedí autografiara mi libro, dejando en él unas líneas que me impactaron:

"Nada te detenga para escalar tu Everest"

Fue un recordatorio de que es muy importante la preparación ,planeación y disciplina para alcanzar tus objetivos.

Como enseñanzas aprendí que nuestras metas no siempre se consiguen de inmediato, que muchas de ellas se logran por etapas y que podemos apoyarnos en otros para lograr el objetivo.

Que uno de los motores más fuertes e importantes en la vida es el amor. Y el disfrutar los logros de las personas que amas como si fueran tuyos es un hermoso regalo.

Nuevamente me percaté que hay muchas distracciones en nuestro entorno y que el haber corrido por un autógrafo me dio un motivo más para escribir mis vivencias.

CAPÍTULO 4.
EL PODER DEL AMOR Y RESPETO.

Desde mi experiencia personal la ley de atracción, lo que los budistas e hinduistas denominan Karma sí existe. En alguna plática de motivación escuché "lo que entregas al universo es lo que te devuelve". Así que he tratado de controlar sentimientos negativos , especialmente el odio y la ira. Y comportarme dentro y fuera de mi trabajo como marcan los cánones de caballerosidad y buen trato. Amo mi trabajo, a mi familia y a mis amigos. Trato de ser lo más generoso posible sin más interés que compartir la vida y ayudar en lo posible para crear un mundo mejor.

Creo fervientemente que la labor del Médico no solo es tratar enfermedades. Es ser Educador, guía, consejero, y amigo. Y que nunca dejará de prepararse para enfrentar a este mundo cambiante. Que la lectura es nuestra principal amiga y que de la mano de ella podemos todos los días también aprender conocimientos y mejorar lo ya aprendido.

MI HERMANA LA ENFERMERA DEL PAPA

Elia es mi hermana menor. Estudió enfermería y se graduó con honores. Muchos recuerdos de su trabajo hemos compartido y este es uno de los más hermosos:

En el año de 1993, la ciudad de Mérida Yucatán se engalanó con la visita del sumo pontífice Juan Pablo II. Le decían el Papa viajero.

Meses antes del evento la ciudad se consternó por una tragedia en un hospital del Instituto Mexicano del Seguro Social. Un descuido o probable error humano permitió que el ambiente de la terapia intensiva neonatal UCIN, el cual normalmente está lleno de oxígeno proveniente de innumerables equipos para soporte respiratorio, se incendiara. El fuego causó miedo y desesperación de todo el personal, muchos salieron corriendo y gritando.

Ante el caos tuvo que surgir la figura de un líder. La figura habitual de un líder no siempre es la que la televisión o el cine nos expone. En esta ocasión fue una mujer de talla pequeña, de complexión delgada, que fungía como enfermera del área. Precisamente era Elia y de inmediato ante el caos formado se plantó en la puerta sin miedo y organizó a todos en el área, estudiantes y personal de base para rescatar a todos los pacientes.

Rápida y ordenadamente fueron extraídos de las cunas pacientes de 1 kg promedio, a pesar del calor, humo, no hubo más que daños materiales. Esta noticia trascendió a nivel nacional, generando un premio al valor, luego trascendió a nivel internacional pues ante la visita del santo Padre el gobierno del país, ordenó se le asigne al pontífice un equipo de Médicos y enfermeras exclusivos, en cada estado del país que el visite. De inmediato se analizó una terna en la cual Elia fue la designada como su enfermera terapista

   Esta noticia no cayó en gracia a muchas enfermeras de mayor jerarquía y antigüedad. No obstante, se acató la orden por ser enviada desde la Secretaría de Gobernación. Elia ejerció su labor con cariño y calidad a tal grado que al final de la visita papal, recibió el agradecimiento y la bendición del Papa de una forma personal y especial. "Dios bendiga a ti y toda tu familia" fueron las palabras que aún flotan en la eternidad de los recuerdos.

Básicamente, todos podemos hacer actos heróicos y valiosos para el mundo. Vencer nuestros miedos y realizar lo que sabemos con convicción. Esto no implica que todos tengamos que exponer la vida ¡El amor a tu trabajo y a la humanidad, hará de éste un mundo mejor.!

MI HERMANO MANOLO. MATEMÁTICAS CON AMOR.

Enmanuel es el menor de mis cinco hermanos. Nació cuando mi madre tenía 42 años, yo cursaba el cuarto año de Medicina y mi hermana Elia finalizaba sus estudios de enfermería.¡ Su existencia es un regalo del creador! Cuando mi madre cursaba el segundo mes de embarazo, presentó complicaciones causadas por la hipertensión y diabetes gestacional. El ginecobstetra que la tenía a su cargo le recomendó un aborto ante el riesgo que corría su salud y su vida. Nos informó a los 5 hermanos que había posibilidades de malformaciones e incluso síndrome de Down u otras Genopatías. ¡En forma unánime todos rechazamos tal medida! . Le externamos al Médico nuestro amor al próximo hermano por nacer y que estaríamos todos pendientes de la salud de mi madre y de que asista a su control de embarazo en forma puntual.

Cuando nació Enmanuel (significa Jesús bienvenido seas),todos estábamos muy felices aunque preocupados de la salud de él y mi Madre. Enmanuel nació sano y con el tiempo cambiamos a decirle "Manolo" por ser más sencillo y coloquial.

Manolo creció prácticamente entre adultos jóvenes y aprendió a leer y escribir prontamente., y se distinguió por ser un niño con gran curiosidad e inteligencia.

Habían pasado cuatro años después de nacer él, cuando sufrimos una catástrofe que fué el fallecimiento de nuestro padre Virgilio. Manolo estuvo presente en el velorio y sentado frente al féretro permaneció callado y sin una lágrima. Todos nos dimos cuenta. Era una situación caótica, todos en etapa de estudiante y nuestro amado padre hombre humilde y sin trabajo formal, no tuvo más para heredarnos que nuestra casa y un futuro incierto para todos. Nadie dejó de estudiar gracias a Dios.

El tiempo pasó y Manolo inició su etapa preescolar aparentemente sin incidentes. Al entrar a la etapa escolar aún acudía a la escuela de la mano de nuestra Madre. Fueron tiempos complicados donde todos debíamos aportar para el sostenimiento de la economía familiar ante la carencia de papá.

Todos los hermanos aún estábamos en etapa de estudiantes. Y Manolo iniciaba la educación Primaria que en México consta de seis años. Ya sabía leer y escribir, y adoraba ver películas en televisión y podía leer a su pequeña edad los diálogos escritos de las películas.

Una mañana le informaron a mamá en el colegio que harían un examen diagnóstico a todo el grupo de Manolo. La sorpresa ocurrió al final de ese día cuando le pidieron a mi Madre que se quedara por una situación muy especial ocurrida durante el examen. "¿Acaso reprobó o copió el examen?" Fue la pregunta inmediata que surgió.

Tranquilícese señora"" le dijeron." Enmanuel contestó todo bien, sin embargo hubo una pregunta que nos llamó profundamente la atención". En la pregunta se colocaron incisos con letras para que eligieran los niños una sola respuesta. La pregunta decía: Juanito salió del colegio y al caminar por la calle encontró una cartera en el piso, al revisar observó que tenía un billete de 50 pesos. Entonces Juanito;

A). Fue a la tienda y compró 2 pelotas de 30 pesos.

B) . Fue a la heladería y compró 3 helados de 20 pesos

C). Se compró 5 piezas de pan de 10 pesos.

Pero en esta pregunta Enmanuel agregó con su puño y letra un inciso más ;

D) Juanito llegó a su casa y entregó la cartera a su mamá para el gasto familiar.

Tal respuesta no solo llamó la atención de la profesora, sino la de todos los maestros de los diferentes grupos.

Mi Madre con lágrimas en los ojos explicó la situación derivada del fallecimiento de papá. Hubo silencio y comprensión de parte de todos. Después vino una sincera felicitación por los valores demostrados por Manolo.

Hoy mi Madre padece Alzheimer y rescaté este valioso momento del baúl de los recuerdos familiares. Al escuchar este relato observé una sonrisa en el rostro de ambos.

Hoy Manolo es Ingeniero Arquitecto y junto con mi hermana Nora cuidan de nuestra Madre con amor y respeto, en la casa donde crecimos. Miguel, Elia y Magaly

Se han independizado pero acuden frecuentemente para acompañarla , disminuir el progreso de su enfermedad, pero sobre todo por el gran amor que nos tenemos.

HISTORIAS DE HOSPITAL: soy médico Pediatra, y trabajé durante 30 años en un hospital del gobierno Mexicano del cual apenas me jubilé. (Hospital General de Tapachula). Durante este periodo he sido testigo de milagros y calamidades durante la atención de mis pacientes.

Algunas de estas vivencias me han marcado a tal grado que no he podido omitir esta parte esencial de mi viaje.

HISTORIA DE UN TAXISTA

Durante el año 1996, tenía apenas meses de graduarme de Medico Pediatra. Tenía 30 años de edad y una resistencia física que me permitía trabajar en 2 hospitales públicos, saliendo de un turno matutino y pasar a otro hospital en el turno vespertino.

Tenía juventud pero apenas iniciaba la vida productiva. Los médicos solemos terminar nuestra preparación de especialidad al final de la tercera década de nuestra vida. Por lo anterior no era raro que me transportara mediante taxis de un trabajo al otro.

Era un día soleado y caluroso y tenía la necesidad de llegar pronto al otro hospital para trabajar. Así que levanté la mano y un taxista me miró, se estacionó y me gritó "suba rápido". No me gustó el tono, pero decidí no hacer comentarios al respecto. Ciertamente fue presuroso en llevarme a mi destino, pero muy grosero con cuanto vehículo o peatón se le atravesó, Al llegar yo me sentí más tranquilo pues además de llegar a tiempo, iba a descansar de tolerar a este individuo. Le pregunté con tono tranquilo cuál fue el costo del viaje y este nuevamente con actitud grosera me informó que me costaría el doble de lo habitual (unos 30 pesos mexicanos en ese entonces). Nuevamente decidí tener una conducta tolerante y le extendí un billete de 50 pesos, a lo que me respondió ,"no tengo cambio" , yo que había descendido del auto me encogí de hombros y en ese instante él aprovechó para acelerar y darse a la fuga, sin darme mi cambio. Entré enojado al trabajo, pero la rutina diaria de un hospital es absorbente y hace olvidar muchas cosas.

Habían pasado 3 días aproximadamente desde el incidente del taxi. Yo seguía mi rutina en el área de Urgencias Pediátricas Revisar pacientes, revisar estudios de laboratorio o de Radiodiagnóstico. Redactar historias clínicas, entregar a enfermería indicaciones de cada paciente. Algunos procedimientos como venopunciones ,colocación de sondas ,etc. Fue entonces cuando el ruido de un automóvil que llegó a urgencias rompió el momento de calma, los pasos en el pasillo, los gritos de un padre solicitando un médico porque su bebé estaba convulsionando...

Me quedé parado en la puerta del servicio esperando ver quién llegaba. Era un hombre cargando un bebé de apenas 6 meses, el cual presentaba cianosis y convulsiones tónicas. Se hizo un silencio incómodo al llegar a la puerta del servicio, intercambiamos miradas y se percató que fui el cliente de su taxi al cual maltrató. El hombre palideció y su voz exigente cambió a una voz suplicante.....

" por favor atienda a mi niña" externo con bajo volumen.Tal vez muchas personas con otra profesión hubieran hecho valer su posición y tomar revancha, pero la nobleza de la medicina radica en salvar vidas sin importar a quien atiendas. Así que de inmediato le pedí que pasaran y colocó al bebé sobre una camilla, tenía cabello rizado, cianosis en sus labios y no respondía a los estímulos. Traía signos de edema cerebral y la exploración física arrojaba datos de meningoencefalitis, la cual corroboré con una punción lumbar. Estabilizar ese pequeño cuerpo nos llevó varias horas a mi y mi equipo de urgencias. finalmente el turno terminó y debía regresar a casa. El padre de la paciente me suplicó que me quedara, pero ya había llegado mi relevo y lo tranquilicé diciendo lo eficiente y preparado que era el equipo de la noche.

Regresé al día siguiente con inquietud y preocupación, en la puerta del hospital pude ver la figura del papá. Me apresuré a llegar para percatarme que la paciente tenía choque séptico y pocas posibilidades de vivir. El final fue el esperado …y traté de tranquilizar con mis palabras el doloroso momento. Contrario a lo que esperaba de esta persona que consideré muy violenta, el señor se arrodilló ante mí y me pidió perdón….

Se me salieron las lágrimas..y le dije, "nada que perdonar" somos personas como usted, y hacemos nuestra labor con el corazón , el creador es el que toma las decisiones sobre la vida y la muerte. Siento no haber logrado regresarle a su hija. Un abrazo selló este amargo momento.

Un año después... regresó el taxista..nuevamente lo vi inquieto y angustiado, pero esta vez era diferente el motivo. me pidió alegremente que fuera el médico que recibiera a su nuevo bebé, un varón según el ultrasonido. Era un nuevo hombre, amable y educado, y me regaló un abrazo..y al entregarle a su bebé, no pude más que decirle "Dios nos da y nos quita, pero siempre es por nuestro bien."

Ama a tu trabajo y trata de olvidar rencores y malas experiencias, no las cargues al interior de tu labor diaria. Hay demasiado odio en el mundo para seguirlo perpetuando. Recuerda que lo que envías al universo también es lo que regresa.

CARTA AL PRESIDENTE

Como ciudadano Mexicano no soy ajeno a las cuestiones políticas, ejerzo mi voto en cada elección. Hago lo mejor que puedo mi trabajo desde mi "trinchera". En México cuando carecemos de insumos para atender a los pacientes, igual que en una situación de guerra decimos "hay que administrar la pobreza". Y es que México como economía llamada "emergente" ha atravesado periodos en los que las instituciones de salud recibían aproximadamente un 4% del presupuesto nacional de egresos para todos los rubros. Era el año 2000 e iniciaba su mandato en México Vicente Fox Quezada. Nuestro hospital de la secretaría de salud en Chiapas tenía una capacidad para 60 pacientes en todos los servicios: Pediatría, ginecoobstetricia, cirugía, urgencias, medicina interna. Sin embargo recibimos pacientes de todas las poblaciones aledañas y siempre teníamos más de 100 pacientes hospitalizados, lo cual saturaba de trabajo al personal médico y de enfermería Y ponía en aprietos a todos los trabajadores en general por ser un hospital insuficiente.

El hospital de Tapachula se encuentra en la frontera de Guatemala y en la propaganda lo enuncian como "Hospital General de Tapachula ", (Tapachula a su vez la enuncian como "La última frontera") y recibe pacientes provenientes de Guatemala, y, Centroamérica, y actualmente migrantes de muchas más naciones. Esos años difíciles nos auxiliaban organizaciones de ayuda a migrantes, y nos daban un respiro cuando se hacían cargo de los medicamentos para algunos pacientes.

Las organizaciones de ayuda al migrante principalmente el denominado "Grupo Beta", fundaciones como Michou y Mau, han proporcionado a lo largo del tiempo gran ayuda al hospital de Tapachula chiapas. Pero localmente existen albergues donde pernoctan familiares de los pacientes y donde se les dan alimentos.

"Doña Olguita" titular del albergue "Jesús el buen Pastor" persona excepcional ganó un premio a su labor altruista y logró tener contacto directo con la Presidencia de la República...ella se me acercó durante una guardia de trabajo nocturna y me solicitó realizar una carta dirigida a la presidencia. Me presto al mismo tiempo una cámara digital (tecnología reciente en esos años aquí en México) y documenté con imágenes todas nuestras carencias hospitalarias y sobresaturación de pacientes. Recorrí los servicios y al término solo pedí no divulgar mi nombre. Esta carta pidiendo ayuda y dotación de recursos tuvo un fantástico efecto pues meses después, se renovaron equipos, y dotó al hospital de una mayor cantidad de medicamentos e insumos médicos diversos.

Nunca informamos y tampoco divulgamos nuestra intervención, simplemente se nos informó que la carta fue leída por nuestro gobernante y otorgada la ayuda necesaria. Actualmente ya termino mi ciclo hospitalario después de 30 años de trabajo y decidí contarlo como un gran recuerdo de cooperación entre 2 personas que aman al prójimo. Sin buscar notoriedad.

"El verdadero heroísmo está en transformar los deseos en realidades y las ideas en hechos"

MI AMIGO ADOLFO

Es sabido que los médicos dormimos poco y trabajamos mucho, más en países tercermundistas y "de economías emergentes" como México. He conocido cientos de compañeros además con dos o tres trabajos al mismo tiempo y no totalmente por gusto. Hay países donde el sueldo y la economía del país permiten vivir holgadamente con solo un empleo. Pero hasta el momento no en mi país, y no es reproche para nada. Simplemente es una realidad que para crecer aquí, hay que trabajar más.

Por otra parte, aún la figura del doctor ocupa un lugar especial en el seno de las familias, y ocupa una jerarquía en la sociedad que los tiempos , medios de comunicación y política tratan de limitar.

Los tiempos son cambiantes, y las nuevas generaciones quieren resultados a muy corto plazo y crecer económicamente a la velocidad de la luz. Manejar y trabajar el cuerpo humano es diferente a trabajar con una máquina de cualquier otro tipo. Las equivocaciones cuestan salud y algunas veces la vida.

El universo en el que me desenvuelvo, está lleno de gente de todo tipo, personalidades diversas aún teniendo un nivel de conocimiento similar. No había conocido en particular a alguien que dejara cautivado a todos los que lo rodean. Ese fue mi amigo "Adolfo".Su personalidad era bonachona, alegre , carismática y era ese "alguien" que amaba trabajar y trabajar, Hombre de estatura mediana, gordito, canoso, amable y amante de la buena cerveza y comida. Aceptado e invitado a todas las Asociaciones, reuniones, pláticas, congresos, todo lo relacionado con la Pediatría. Porque no solo era Pediatra, sino uno de los mejores...

Su grado de sencillez y humildad le permitía aceptar invitaciones a comer en la mesa de muchos pacientes, comía en la mesa de un pescador, como la de un albañil o la de un político o militar, porque trabajó para la Milicia con grado de teniente, trabajó en 2 instituciones de salud importantes en México. Ofrecía consulta privada a bajo precio y podía en un día ofrecer 50 consultas sin mostrar signos de cansancio e irse a otro hospital.

El fue el que me recomendó en la clínica hospital donde trabajo hasta el momento. (Hospital COFAT).

Solía decirles a los pacientes. "Cuando no esté, pasen a consulta con el Dr. Palma".

La humanidad no vio venir la catástrofe que nos trajo la Pandemia del COVID 19. Realmente desde el punto de vista Médico fue una guerra biológica. ¡Y a pesar que estudie Medicina para evitar estar en el frente de batalla, no fue así!...

Los médicos y enfermeras fuimos lanzados hacia un mal desconocido, con necesidad de aprender en el camino para poder luchar contra esta enfermedad. Muchos soldados de todas las categorías en el área de la salud cayeron. Obviamente la propaganda y las noticias se enfocaron principalmente en el número de enfermos y fallecidos.

Un soldado que nunca aceptó retirarse del frente fue Adolfo. Y llegó la enfermedad a él de la forma más catastrófica...sin avisar y recorriendo hospitales hasta llegar a la terapia intensiva donde después de un par de semanas hizo la parte final de este viaje.

La pérdida de cada soldado de este ejército de la salud es cuantiosa. Hacemos lo que sabemos sin esperar elogios y recompensas. Pero debemos comprender que al igual que un ejército formal , el frente debe ser con los más fuertes, aquellos soldados más agotados deben abandonar y ceder la batuta a soldados más jóvenes. ¡El médico que no cuida su salud será pronto un "soldado caído más"!

Han pasado unos cuantos años desde el inicio de esta pandemia en 2019. Desafortunadamente tendemos a olvidar los desastres. La población en los consultorios y clínicas se niega a utilizar en muchos casos cubrebocas, lavarse las manos y vacunar a sus hijos. Los médicos vivimos expectantes y en alerta constante. "Somos la primera línea de defensa ante nuevas pandemias". Sin duda tenemos temor , pero lo enfrentamos con todo conocimiento y convicción, tal como lo hizo mi amigo Adolfo Arteaga B.

CAPÍTULO 5
HISTORIAS DE ÉXITO Y FRACASO.

SOBRE EL AMOR DE LOS PADRES A SUS HIJOS : DOS CARAS DE LA MONEDA.

Era el año 2000 y me asignaron un par de pacientes en Terapia intensiva del Hospital General de Tapachula. Los dos niños del sexo masculino con enfermedades graves. Relataré cada caso por separado: Don Juan era hombre trabajador del campo, aproximadamente 50 años de edad, con un único hijo Ruben de 10 años. Acudió por presentar una fiebre constante de unos 3 días de evolución según él, el niño mostraba una palidez marcada y datos de dificultad respiratoria, taquicardia, quejidos y edema (hinchazón) generalizada. Al realizar los estudios básicos, un recuento de glóbulos blancos alto y una hemoglobina muy baja. Plaquetas también muy bajas por debajo del límite, compatibles con septicemia. La radiografía del tórax con imágenes concluyentes de neumonía en diversas zonas de ambos pulmones. El diagnóstico fué "neumonía de focos múltiples". Este tipo de neumonía tiene una mortalidad muy alta y tuve que manifestarlo al papá.

 Don Juan rompió en llanto y con voz suplicante me dijo "sálvenlo por favor, es mi único hijo..."

como mencioné sobre mi hospital, este siempre saturado de casos graves y con pocos insumos, hacíamos mucho con pocos recursos. Sin embargo le manifesté que haríamos todo lo posible para recuperar su salud. Sin dudar el papá insistió de nuevo y esta vez con otro argumento que me hizo entristecer. "Somos muy pobres, pero venderé lo que sea con tal de que mi hijo se salve, si es preciso mis tierras y mi casa". Le respondí que esperaba que no fuera necesario y gracias a él personal del hospital conseguimos antibióticos potentes y resto de material para poderlo atender adecuadamente. Dios lo escuchó y con los cuidados y atención de todo nuestro personal, Ruben pudo regresar a su casa con gran mejoría y junto con su padre nos agradeció las atenciones a todo el personal.

Sin duda el amor y sacrificio es un gran aliciente cuando se lucha contra las enfermedades. Aunque hay sacrificios que no todos están dispuestos a ofrecer.

El otro caso grave que atendí al mismo tiempo me mostró otra cara de la moneda: Don Hilario, hombre joven de unos 30 años. Proveniente de una población en la montaña cercana a tapachula, también hombre trabajador del campo pero con varios hijos, acudió con Benjamin de 9 años el cual tenía dolor de cabeza de varios días e iniciaba ese día crisis convulsivas lo que motivó que acudiera en vehículo rentado desde su población. Debido a la persistencia de las convulsiones fue necesario sedar y utilizar un aparato para mantener la respiración (ventilador mecánico). Fue trasladado para realizar un estudio de cráneo llamado tomografía, la cual reveló la ruptura de un vaso sanguíneo dentro de su cerebro y confirmando una fuerte hemorragia cerebral. Benjamin estaba rodeado de aparatos , sondas , soluciones intravenosas. Y cuando se permitió la entrada de su Padre al área, este exclamó "¿cuánto tiempo va a estar así? Díganme la verdad, vivirá o morirá.?"

Siendo una persona con bajo nivel de estudios era importante tratar de informar con términos coloquiales y evitar tecnicismos . Durante la explicación que le dí. Le informé que el daño dentro de su cerebro era importante y que requería todo el equipo que tenía para mantenerlo con vida. Que no sabíamos exactamente si sobreviviría y que estaba por venir el Neurocirujano para valorarlo. La respuesta que recibí me dejó sin habla, aceleró mi corazón y me heló la sangre. "Viendo las cosas como van, me sale más caro que muera aquí y trasladarlo a mi pueblo, así que me lo llevaré mientras esté vivo en un autobús o en taxi. Lo envolveré con sábanas" Nuevamente trate de convencerlo, argumentando que por ser hospital público, no se le cobraría lo habitual para su atención. Y que no podíamos retirar los doctores toda la tecnología que tenía para mantenerlo vivo. Nuevamente su voz me hizo callar "si ustedes no le quitan los aparatos, lo haré yo". Tal actitud me partió el corazón y no tuve más que avisar a las autoridades de salud y jurídicas para que se hagan cargo. Salí de la habitación con lágrimas y un fuerte dolor de cabeza. Horas después me enteré que el padre del paciente logró su cometido...

Indudablemente "cada cabeza es un mundo", pero si este mundo está desordenado y no impera el amor y los valores más elementales que se forjan en el seno de la familia. Irremediablemente regresaremos a la barbarie y la selección natural del más fuerte. (Hasta el día de hoy me sigue afectando anímicamente el actuar de ese padre) Pero mi postura nunca cambiará, es cierto que la pobreza es un obstáculo muy importante para todo el mundo. Pero sin luchar y sin convicción. Este obstáculo será insalvable.

UN RIESGO DE INFARTO

Años más tarde, concebí el deseo de iniciar un negocio. Radico actualmente en el estado de Chiapas y quise experimentar creando un pequeño restaurante de comida típica yucateca.Siempre orgulloso de los guisos típicos como "la cochinita pibil", "panuchos", "salbutes" etc. Me instruí en la preparación y me lancé a la aventura gastronómica. El resultado al cabo de pocos meses fué crisis hipertensivas, dolores de cabeza, taquicardia y terminé acudiendo al consultorio del Cardiólogo. Ahi detectaron un trastorno en las arterias del corazón, y me anticiparon la posibilidad de tener un infarto al miocardio si mantenía mi ritmo de actividad y estrés. Tuve que someterme a diversos estudios invasivos. hospitalización, Venopunciones, cateterismo cardíaco y colocación de dilatadores en las arterias coronarias. Tuve que experimentar ser un paciente más , esperar y aceptar todos los procesos de atención sin protestar. Conocí niveles diferentes de dolor y molestia. Y es que antes yo efectuaba algunos de estos procedimientos sin percatarme totalmente del sentir y del sufrimiento de mis pacientes.

El haber conocido las dos caras de la moneda en la relación médico-paciente también cambió mi forma de tratar a todos ellos. Me hizo más comprensivo, cuidadoso, tolerante y humano.

"Nadie escarmienta en pellejo ajeno" dice un refrán de los muchos que la cultura mexicana enseña. Y es curioso que al final de nuestra vida productiva tendremos que enfrentar el "trato de paciente" por lo que es sumamente necesario fortalecer el sentido humanitario en nuestra profesión médica.

Definitivamente la experiencia en mi caso fue buena, pues me detectaron a tiempo un grave problema cardíaco, fui visto por especialistas en el área, hospitalizado en uno de los mejores hospitales de seguridad social. CMN siglo XXI. Y pude percatarme que el trato a los pacientes es respetuoso y muy humano.

Tenemos que fomentar junto con la ética el humanismo en las futuras generaciones de Médicos, enfermeras y auxiliares del área de la salud. Y aunque me enfoco principalmente a esta área, la deshumanización es palpable en todas las actividades humanas. ¡Hago incapie en que la principal educación, disciplina y ejemplo se adquiere en el seno de las benditas familias!

EL FALLECIMIENTO DE UN NIÑO

El avance actual de la medicina, los fantasiosos programas de televisión que muestran Médicos infalibles y hospitales con tecnología espacial (que no niego existan) pero que para el 90% de los habitantes de este mundo no están al alcance, hacen que los pacientes se creen falsas expectativas sobre los Médicos.

Nuestra educación y preparación consta de un mínimo de 20 años de estudio desde la educación básica hasta la graduación como Médico General. Para continuar la Especialización se requiere 4 a 7 años más dependiendo de la especialidad elegida. Aunque cabe aclarar que en Medicina nunca se dejará de estudiar y prepararte para poder actuar conforme a los avances de la ciencia.

Y a pesar de todo, tenemos que enfrentar el fallecimiento de pacientes, los cuales por su enfermedad y gravedad no responden a los tratamientos aplicados.

No crean que nos volvemos indolentes ante la muerte, pero la tenemos que enfrentar muy seguido.

De todos los fallecimientos, quizá uno de los más difíciles de enfrentar, explicar, justificar, es el de un niño..

Se te apaga la voz, tu mente da vueltas buscando las mejores palabras para explicar a los padres, a la familia. y a pesar de todo, pocas veces entra la comprensión en los papás , porque su sentir es que había más que hacer...

Durante mi preparación como Medico Pediatra, teníamos que hacer guardias cada 3er dia, y vigilar y manejar enfermedades graves en niños de todas las edades. Fue ahí en el Centro Médico del IMSS (Instituto Mexicano del Seguro Social) donde experimenté las primeras veces de luchar contra la muerte por un niño y fracasar. Bueno..con el tiempo y la experiencia aprendí que las armas del médico son su conocimiento , pericia y experiencia. Que siempre tenemos la muerte a nuestras espaldas, y que mostrar empatía, honestidad, ética, puede ayudarnos a enfrentar la tragedia. Entendí que tener conciencia es necesario y que tener sensación de culpa afecta a tu salud física y mental.

Aprendí a orar antes de realizar procedimientos y pedir al Creador por la salud de mis pacientes. (He tenido toda una vida profesional de pláticas él). He sentido su compañía en momentos estresantes y difíciles.

Enseño a las nuevas generaciones que si bien la Medicina es un negocio, este va acompañado de la palabra Ética. Que el principal objetivo de esta carrera es servir a la humanidad, no servirse. Que se vivirá con decoro, pero si desean ser millonarios es mejor que elijan otra carrera.

Los tiempos han cambiado y desafortunadamente, las nuevas generaciones de profesionales de la salud carecen cada vez más de empatía, humanismo, amor por su profesión. y por supuesto no generalizo, pero hay que comparar esta carrera con la carrera militar. Si los soldados son de carácter débil y sin amor a su patria, difícilmente lograrán ganar próximas batallas....

Quiero decir que de ninguna manera me gana el pesimismo. Las nuevas generaciones necesitan de orientación y guía de una manera sólida y sin temor a señalar lo que no es correcto. Los médicos con más experiencias debemos aportar nuestro grano de arena y corregir el rumbo cuando sea requerido. Tal como lo hicieron nuestros predecesores.

MUERTE DIGNA. LA HISTORIA DE SAMUEL

"Nada es más seguro para el hombre desde su nacimiento que la muerte misma."

Es totalmente normal el miedo a la muerte, pero no es precisamente el miedo a dejar de existir lo que preocupa al hombre, sino el proceso de dejar este mundo. El miedo más importante es al sufrimiento, al dolor, a la soledad durante este proceso natural.

Desde la época de las primeras poblaciones de seres humanos hace miles de años, el hombre moría en su hogar (cuando no moría en batalla). Ahí rodeado de su familia y seres queridos emprendía el viaje eterno aun con sus dolencias más fuertes.

Los primeros hospitales datan de hace más de 2000 años en Mesopotamia y eran al mismo tiempo templos dedicados a sus dioses Nergal y Bau, patronos de la salud. Los sacerdotes y sacerdotisas utilizaban conocimientos de cirugía y farmacología de la época.

En la antigua Grecia 400 años a.C. Se establecieron los primeros hospitales civiles, dedicados principalmente al Dios Asclepio. Ahí Galeno e Hipócrates desarrollaron la medicina científica, y establecieron escuelas de Medicina.

En la edad media los hospitales más reconocidos fueron las Iglesias católicas en Europa y brindaban principalmente atención médica a pobres y enfermos. Hubo partes de Asia como el Cairo y Bagdad donde se establecieron hospitales que eran a su vez escuelas de Medicina, y ofrecían la atención más avanzada en medicina.

Actualmente en esta era moderna, los hospitales han evolucionado y convertidos en centros de atención médica especializada, muy tecnológicamente avanzados al grado de ser exclusivos para algunas áreas como cardiología, pediatría, oftalmología, oncología etc.

¿Y qué sucedió con los pacientes en agonía o con enfermedades terminales?. En el afán de evitar el dolor para la persona enferma, la familia acude a los modernos hospitales de esta época. Y aún sabiendo que su patología (enfermedad) no tiene solución médica, prefieren que su paciente permanezca hospitalizado hasta el fin de su existencia.

Un hospital moderno cuenta con personal preparado y equipo moderno para soportar y mantener "vivo" al ser humano durante un tiempo importante, aún cuando las funciones cerebrales cesen. Lo triste de la situación es que muchos pacientes aún desean morir rodeados de su familia y el hospital con sus normas estrictas es un impedimento para tal situación. ¡He visto llorar a padres , hijos, hermanos, esposas, maridos ....en soledad!. Y al mismo tiempo a los pacientes llamar a algún ser querido que no puede estar presente.

Una muerte digna se refiere al derecho de una persona a morir de manera tranquila, sin dolor y rodeado de sus seres queridos. Manteniendo un derecho a rechazar tratamientos que prolonguen innecesariamente su vida, pero sí con derecho a recibir cuidados paliativos que alivien el dolor y otros síntomas.

Hecho este preámbulo me referiré a la historia de Samuel : Corría el año 2004, y mi turno era vespertino en el Hospital General de Tapachula, como todas las tardes después de checar mi entrada me dirigí a pasar visita a los pacientes del área de hospitalización, eran 14 pacientes promedio en el área que revisaba por las tardes. La rutina era pasar de cuarto en cuarto con mi máquina de escribir, saludar y preguntar a los padres cómo habían evolucionado sus pacientes durante ese día. Después de una revisión física , preguntar si habían tolerado su dieta, si podían evacuar y miccionar, si tenían dolor, fiebre u otras molestias. Revisaba sus estudios de laboratorio y hacía ajustes en el manejo con medicamentos y soluciones intravenosas. De pronto una pregunta me sorprendió, "¿cómo está Daniel?" Fue la pregunta que me hizo el paciente del cuarto 14. Respondí apresuradamente "Dany está bien, ¿lo conoces?", (en el expediente resaltaba el nombre de "Samuel"). Así que con ese nombre me dirigí a mi pequeño paciente. 12 años de edad tenía. "Sí, lo conozco...estudió conmigo 5o. grado , nos llevamos bien, él me dijo que su papá era doctor, y que trabajaba en este hospital, así que cuando vi el letrero en su ropa, supe que era usted". Estos comentarios me hicieron sonreír con satisfacción, y me hicieron revisar con mucho detenimiento su expediente clínico. Ahí pude percatarme que Samuel tenía una enfermedad grave, tenía un tipo de Leucemia refractaria a los tratamientos convencionales, que no era su primer ingreso, que sus padres son de bajos recursos, muy apegados al culto de su iglesia y que oraban continuamente por su salud. Al paso de los días pude percatarme de que presentaba deterioro en sus condiciones físicas, debilidad, palidez, dificultad para respirar, y decidí llevar a Daniel mi hijo para que lo visitara. Fue un día excepcional para Samuel. Juntos platicaron de la escuela, de sus proyectos, jugaron damas inglesas, ajedrez, intercambiaron pequeños juguetes hasta que finalmente mi turno en el hospital terminó. Daniel se despidió de él y su familia con la promesa de regresar en otra ocasión. Tal promesa no se pudo cumplir...

Samuel presentó empeoramiento en sus condiciones que ya le impedía pararse, moverse, alimentarse. Sus padres se intercambiaban el pase para estar junto a él, no se permitía más que un par de visitas externas. Afuera los miembros de su iglesia oraban. Yo como médico responsable del área, permitía que ambos padres se quedaran junto a él en mi turno.

Hablé con el Oncólogo encargado, quien me confirmó que inevitablemente Samuel tendría a lo sumo un par de semanas de vida. Fue entonces que me armé de valor y platiqué seriamente con los papás. "Como médico soy consciente de la necesidad de continuar apoyando a Samuel con medicamentos y evitar sufrimiento. Pero como padre les sugiero llevarlo a casa. Rodearlo de todo el amor de su familia, amigos, e iglesia ,Ofrecer la comida que él desee probar. Jugar todo el día con él si lo permite, ver sus programas de televisión. En fin...disfrutar cada segundo de su existencia". Ambos padres me miraron con lágrimas en los ojos, "¿usted nos daría el alta para llevarlo a casa?" A lo que contesté..."claro que sí, me encargaré de eso y podría ser hoy durante mi turno. Se llevará sus medicamentos. Solo pido firmen de conformidad el expediente." El acuerdo lo sellamos con un abrazo. El personal de enfermería se despidió también con lágrimas y Samuel finalmente fue llevado a casa.

Cuatro semanas después, los papás de Samuel se presentaron al hospital. Me buscaron para pedirme que fuera a su casa, ..le quedaba poco tiempo. Acudí al salir de mi turno, eran aproximadamente las 10 de la noche. Fui a mi casa para cambiarme de ropa y le dije a Daniel sobre lo que estaba por suceder, y decidió acompañarme.

Ellos vivían en una colonia popular de Tapachula, cerca del mercado "San Juan". Ahí en un callejón encontramos la casa. Subimos las escaleras entre una pequeña multitud de jóvenes y adultos que resguardaban el cuarto de Samuel. Lo encontramos en su cama, rodeado de juguetes, su rostro pálido reflejaba calma. Su respiración apenas perceptible y su pulso poco palpable. Trate de externar unas frases para reconfortar a la familia. Pero en vez de la tristeza absoluta que normalmente se encuentra en esos momentos, los papás me externaron toda la paz que sentían por que vivieron con él las semanas más maravillosas de su existencia. "Fue maravilloso , desde que llegó a casa, no ha estado solo jamás, llegaron todos sus amigos de la colonia, le trajeron golosinas, juguetes, y salió con ellos en un triciclo a recorrer la colonia, los vecinos lo abrazaron con alegría, todos los días nuevos vecinos y amigos llegaron a la casa. Se pasó prácticamente todo el día fuera de casa durante días, hasta que no pudo con el cansancio, y aún así, aquí han venido decenas de personas a despedirlo. Samuel se está yendo con toda la felicidad posible en su alma." Esa noche el creador recibió a Samuel en sus brazos, en una forma amorosa, La Paz de su rostro pálido reflejaba todo el amor que se llevaba en el corazón.

Me retiré a los pocos minutos con mi hijo abrazado. La despedida fue con muchos matices, dolor, tristeza, paz, pero sobre todo con una sensación de agradecimiento al creador por permitir que la partida fuera así...muy digna.

CAPÍTULO 6

CONSEJOS PRÁCTICOS PARA LAS FUTURAS GENERACIONES.

En el mundo actual, el médico estará presente en muchos de los acontecimientos más relevantes de tu vida, la caída de tu primer diente, tú vacunación, tus primeras infecciones respiratorias o diarreas. Te ofrecerá consejos sobre educación alimentaria, prevención de accidentes, te reparará heridas físicas y algunas psicológicas, tú control de embarazo, tu apendicectomía, y otras más graves como Cáncer o heridas graves. Pero principalmente el Médico Pediatra verá nacer a sus pacientes y en muy infortunadas ocasiones tendrá que verlos fallecer. Este es un privilegio que pocos humanos experimentarán.

Tengo la costumbre de llamar a mis pacientes , aún en presencia de sus padres como "hijo". Mi consulta es en familia. No solo me limito a explorar, hacer diagnósticos y dar recetas. Sino aconsejar, prevenir, orientar tanto a los padres como a los hijos. Así que mis consejos irán orientados a la familia y mis hijos "adoptivos". Aclarando que el respeto es la base principal para iniciar toda relación humana.

- Hijos..escuchen y respeten a sus Padres hasta el final de sus días. Todos tenemos un tiempo breve de existencia. La vida los llenará de conocimientos y experiencias pero las que te comparten tus padres son la base de la pirámide de la vida.

Ejercitar el cuerpo es importante para mantener la salud, pero ejercita principalmente la mente. Leer, estudiar y prepararte es un privilegio que muchas personas no tienen.

- Aprende a cuidar de tí. Evita malos hábitos, pereza, vicio, crueldad, etc. Elige bien a tus acompañantes en este gran viaje, esto te ayudará a disfrutar y te conducirá a buen destino.

- Disciplínate. Levantarse temprano todos los días, tender tu cama o como en mi tierra "colgar tu hamaca", son hábitos que forjan tu carácter. Son pequeños eventos que te preparan para grandes encomiendas.

- **Sé responsable.** Cada acción en tu viaje tendrá una reacción, una respuesta, una contestación del universo. Tu eres el único responsable, ya sea Éxito o fracaso, alegría o llanto, riqueza o pobreza, eres tú la causa. Por lo tanto deja de echar la culpa a otros de tus fracasos.

-

- **Sé humilde** en tus actitudes, aún siendo más fuerte o poderoso no te envanezca esto. Entiende que donde inicia alguien, es probable que hayas estado tú también. Si te lo piden enseña el camino y cómo evitar las piedras.

- **No desperdicies tiempo,** dinero, comida, que son producto del esfuerzo de alguien que luchó por ti. Pero si tienes cierta abundancia ofrécelo a alguien que lo necesite.

- **Cree en un Dios y hónralo.** pero si no crees o eres Agnóstico no conviertas en tu guía tus debilidades y tus vicios. No busques éxito con el sufrimiento de los demás.

- **Ama a todas las personas que significan algo importante y te acompañan en tu camino. Esto hará más fácil tu travesía , Pero ámate principalmente a tí. Aprende que eres la única persona que estará contigo noche y día hasta el final. Si lo haces alcanzarás la madurez que te permita no sentirte solo jamás.**
- **En el mundo actual intensamente materialista, llena tu maleta de grandes recuerdos. Son tus experiencias y vivencias que te acompañarán hasta el final. Las riquezas se quedan. Trata de disfrutar, no de acumular.**

- **La vida es un viaje sin retorno, gratuito, emocionante y tú que tienes todas tus habilidades intactas , físicas y mentales estás en clase VIP. ¡Disfruta el viaje y sé responsable de tus acciones !**

VIAJE SIN RETORNO

Palabras que fluyen como ríos,

Historias que se tejen con amor,

En las páginas del libro un mundo nace,

Y este crecerá en tu corazón.

bajo el horizonte se desvanece el camino,

Y el eco de nuestros pasos ya perece,

hay huellas en la memoria que guían tu destino,

mientras en el corazón un nuevo dia amanece.

W.J.P.E.

Made in the USA
Coppell, TX
23 December 2024

43416950R00056